de Bibliotheek
Bred

D1143189

een zoen voor kip

Marianne Busser & Ron Schröder
tekeningen van Marjolein Pottie

maantjes

Zwijsen

de boer

kip

3

ik ben de boer.
ik kijk sip.
ik ben de boer.
ik mis mijn kip.

ik zoek mijn kip.
ik kijk en kijk.
ik zoek bij de ren.
is mijn kip daar?
nee.

ik zoek bij de dijk.
is daar mijn kip?
nee.
daar is een beer.

toe maar, beer.
zoek met me mee.
zoek ook naar mijn kip.
beer doet mee.

ik zoek met beer.
ik zoek naar mijn kip.
ik zoek bij de beek.
is mijn kip daar?
nee.
daar is een koe.

toe maar, koe.
zoek met me mee.
zoek ook naar mijn kip.
koe doet mee.

ik zoek bij een meer.
met koe en met beer.
ik kijk in een boot.
is mijn kip daar?
nee.
daar is een poes.

toe maar, poes.
zoek met me mee.
zoek ook naar mijn kip.
poes doet mee.

ik zoek met beer.
ik zoek met poes en met koe.
mijn kip zoek ik.
daar is een boom.
is mijn kip daar?
nee, daar is een aap.

toe maar, aap.
zoek met me mee.
zoek ook naar mijn kip.
aap doet mee.

ik zoek met beer.
met poes en met aap.
ik zoek met koe.
ik zoek bij een den.
daar is mijn kip.

kijk, koe.
kijk, beer.
kijk, poes.
kijk, aap.
daar is mijn kip.

ik ben de boer.
daar is mijn ren.
ik neem kip mee.
kip moet in de ren.

moet aap ook in de ren?

nee.

aap moet naar zijn boom.

moet koe ook in de ren?

nee.

koe moet naar een meer.

moet beer ook in de ren?
nee.
beer moet naar de dijk.
moet poes ook in de ren?
nee.
poes moet naar de boot.

ik ben de boer.
ik zit in de ren.
ik zit bij mijn kip.
mijn kip noem ik koen.
een zoen voor mijn kip.
een zoen voor koen.